Mes premiers livres de science

COLLECTION CRABTREE « LES JEUNES PLANTS »

LA TERRE
SES HABITATS

Alan Walker

CRABTREE
PUBLISHING COMPANY
WWW.CRABTREEBOOKS.COM

Les animaux vivent dans des habitats et des milieux divers.

La forêt tropicale est l'habitat du toucan.

L'Arctique est l'habitat de l'ours polaire.

hibou

La **forêt** boréale est l'habitat des hiboux, des ratons laveurs et des chevreuils.

Ils trouvent **refuge** dans les arbres ou sous les buissons.

raton laveur

chevreuil

8

Ils trouvent leur nourriture
et l'eau dans la forêt.

Le **désert** est l'habitat des scorpions, des crotales et des lapins à queue blanche.

scorpion

crotale (serpent à sonnette)

Les crotales, aussi appelés serpents à sonnette, trouvent refuge dans des **terriers** et sous des roches.

Les déserts sont des lieux arides mais plusieurs animaux du désert trouvent l'eau dans les **cactus**.

Lapin à queue blanche du désert

Parfois les habitats sont transformés par l'homme.

Nous abattons les forêts et **construisons** dans les déserts.

19

20

Quand cela se produit, les animaux perdent leur habitat, leur milieu naturel.

Glossaire

cactus (kak-tus) : Les cactus sont des plantes aux tiges épaisses et avec des épines. Ils poussent dans les zones chaudes et arides.

construisons (kons-trui-zon) :
Du verbe construire : c'est faire quelque chose en assemblant des pièces selon un plan.

désert (dé-zèr) : Un désert est un endroit aride qui reçoit très peu de pluie.

forêt (fo-rê) : Une forêt est une grande étendue de terrain couverte d'arbres.

refuge (re-fuj) : Le refuge est un endroit où un animal peut vivre et se protéger du mauvais temps ou échapper au danger.

terriers (té-ryé) : les terriers sont des tunnels ou des trous que les animaux, comme les lapins à queue blanche du désert, utilisent pour s'abriter.

Index

Soutien de l'école à la maison pour les gardien(ne)s et les enseignant(e)s.

Ce livre aide les enfants à se développer grâce à la pratique de la lecture. Voici quelques exemples de questions pour aider le(a) lecteur(-trice) à développer ses capacités de compréhension. Des suggestions de réponses sont indiquées.

Avant la lecture

- **Quel est le sujet de ce livre?** Je crois que ce livre traite des habitats sur la terre. Un habitat est un endroit où vit une plante ou un animal.

- **Qu'est-ce que je veux apprendre sur ce sujet?** Je veux en savoir plus sur les différents animaux et plantes présents dans les habitats terrestres.

Durant la lecture

- **Je me demande pourquoi...** Je me demande pourquoi les gens changent les habitats.

- **Qu'est-ce que j'ai appris jusqu'à présent?** J'ai appris que la forêt est l'habitat des hiboux, des ratons laveurs, des chevreuils et des arbres. J'ai appris que le désert est l'habitat des scorpions, des crotales, des lapins à queue blanche et des cactus.

Après la lecture

- **Nomme quelques détails que tu as retenus.** J'ai appris que les animaux du désert trouvent l'eau dans les cactus.

- **Lis le livre à nouveau et cherche les mots de vocabulaire.** Je vois le mot *refuge* à la page 6 et le mot *terriers* à la page 13. Les autres mots du vocabulaire se trouvent aux pages 22 et 23.

Crabtree Publishing Company

www.crabtreebooks.com   1–800–387–7650

Version imprimée du livre produite conjointement avec Blue Door Education en 2021.

Contenu produit et publié par Blue Door Publishing LLC dba Blue Door Education, Melbourne Beach Floride É.-U. Copyright Blue Door Publishing LLC. Tous droits réservés. Aucune partie de ce livre ne peut être reproduite ou utilisée sous quelque forme ou par quelque moyen que ce soit, électronique ou mécanique y compris la photocopie, l'enregistrement ou par tout système de stockage et de recherche d'informations sans l'autorisation écrite de l'éditeur

Crédits photos : Couverture : ©shutterstock.com/Erik Mandre, écureuils de terre; © shutterstock.com/David G Hayes, icone en haut à droite; © shutterstock.com/ baza178, p. 4; ©shutterstock.com/ Fedor Selivanov, p. 5; © shutterstock.com/Alexey Seafarer, p. 6 7; © shutterstock.com/Pecak, p. 8-9; © shutterstock.com/Tony Campbell, p. 10-11; © shutterstock.com/Dark Moon Pictures, p. 12-13; © shutterstock.com/IrinaK, p. 14-15; © shutterstock.com/Mark_Kostich, p. 16-17; © shutterstock.com/Charles T. Peden, p. 18-19; © shutterstock.com/Timelynx, p. 20-21; © shutterstock.com/Heder Zambrano, p. 22-23; © shutterstock.com/Jay Ondreicka, p. 24 : photo du haut; © shutterstock.com/Joe Mercier, photo du centre; © shutterstock.com/Lindasj22, photo du bas; © shutterstock.com/Sibella Bombal, p. 25 : photo du haut; © shutterstock.com/Enate Images, photo du centre; © shutterstock.com/attila

Imprimé au Canada/042021/CPC

Auteur : Alan Walker
Coordinatrice à la production et technicienne au prepress : Tammy McGarr
Coordinatrice à l'impression : Katherine Berti
Traduction : Claire Savard

Publié au Canada par Crabtree Publishing
616 Welland Ave.
St. Catharines, ON
L2M 5V6

Publié aux États-Unis par Crabtree Publishing
347 Fifth Ave
Suite 1402-145
New York, NY 10016

Catalogage avant publication de Bibliothèque et Archives Canada

Titre: La terre, ses habitats / Alan Walker.
Autres titres: Land habitats. Français.
Noms: Walker, Alan (Écrivain pour la jeunesse), auteur.
Description: Mention de collection: Mes premiers livres de science | Collection Crabtree "Les jeunes plantes" | Traduction de : Land habitats. | Traduction : Claire Savard. | Comprend un index.
Identifiants: Canadiana (livre imprimé) 20210174358 | Canadiana (livre numérique) 20210174366 | ISBN 9781427136855 (couverture souple) | ISBN 9781427137531 (HTML) | ISBN 9781427150547 (EPUB)
Vedettes-matière: RVM: Habitat (Écologie)—Ouvrages pour la jeunesse. | RVM: Faune—Habitat—Ouvrages pour la jeunesse.
Classification: LCC QH541.14 .W3514 2021 | CDD j577—dc23